gallina

kura

gallo

kogut

pulcino

kurczątko

anatroccolo

kaczątko

tacchino

indyk

asino

osioł

cigno

łabędź

rana

żaba

procione

szop pracz

orso

niedźwiedź

scoiattolo

wiewiórka

mosca

mucha

coccinella

biedronka

verme

robak

lumaca

ślimak

lumacone

ślimak

ape

pszczoła

ragno

pająk

scarabeo

chrząszcz

libellula

ważka

leone

lew

zebra

zebra

giraffa

żyrafa

rinoceronte

nosorożec

serpente

wąż

zanzara

komar

tartaruga marina

żółw morski

ippopotamo

hipopotam

alligatore

aligator

coccodrillo

krokodyl

squalo

rekin

tricheco

mors

pinguino

pingwin

orso polare

niedźwiedź polarny

foca

foka

stella marina

rozgwiazda

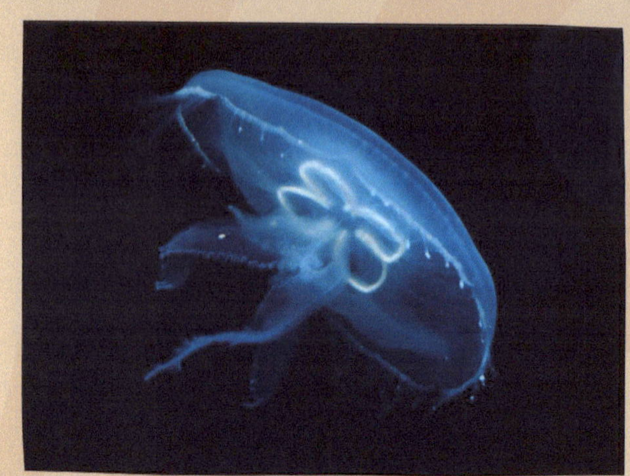

medusa

meduza

conchiglie

muszle

piuma

pióro

11
undici

jedenaście

12
dodici

dwanaście

13
tredici

trzynaście

14
quattordici

czternaście

15
quindici

piętnaście

16
sedici

szesnaście

17
diciassette

siedemnaście

18
diciotto

osiemnaście

diciannove

dziewiętnaście

venti

dwadzieścia

cuore

serce

ovale

owal

freccia

strzałka

mezzaluna

półksiężyc

curva

krzywa

spirale

spirala

croce

krzyżyk

zigzag

zygzak

arcobaleno

tęcza

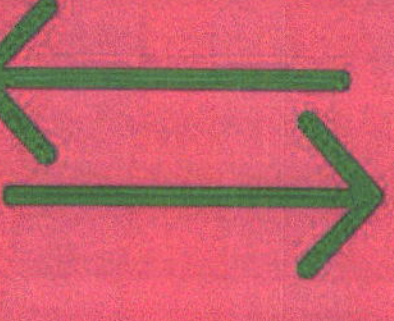

colori scuri

ciemne kolory

colori chiari

jasne kolory

puntini

kropki

linea

linia

basso

niski

alto

wysoki

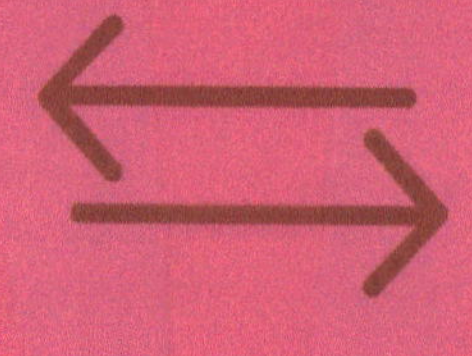

poco

trochę

tanto

dużo

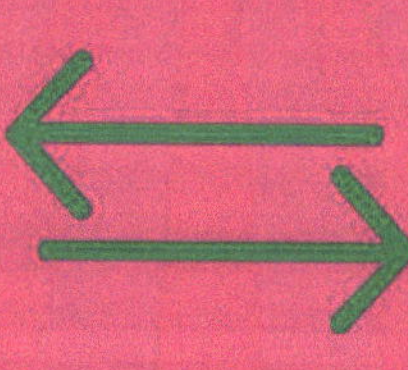

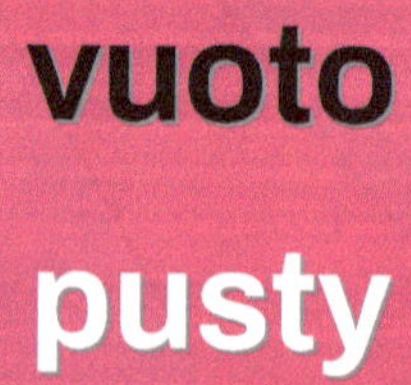

pieno

pełny

vuoto

pusty

capelli ricci

kręcone włosy

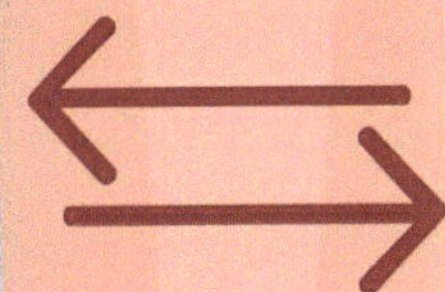

capelli lisci

proste włosy

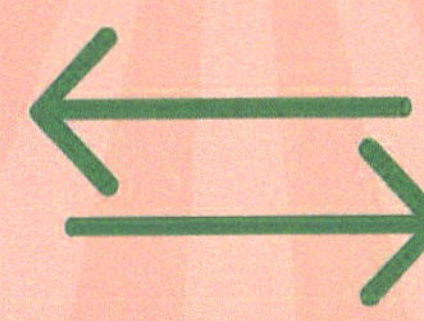

accettare

zaakceptować

rifiutare

odmówić

identico

identyczny

diverso

różny

asciutto

suchy

bagnato

mokry

giocattoli

zabawki

blocchi

klocki

palla

piłka

robot

roboty

lingua

język

naso

nos

capelli

włosy

baffi

wąsy

dita

palce

braccio

ramię

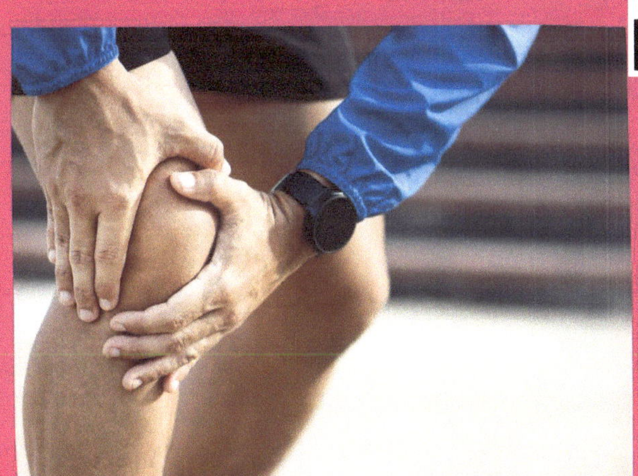

ginocchio

kolano

gomito

łokieć

sorridere

uśmiechać się

baciare

pocałunek

piangere

płacz

dolore

ból

corpo

ciało

schiena

plecy

ciuccio

smoczek

seggiolone

wysokie krzesełko

sapone

mydło

spazzolino

szczoteczka do zębów

asciugamano

ręcznik

vasino

nocnik

anello

pierścień

bracciale

bransoletka

collana

naszyjnik

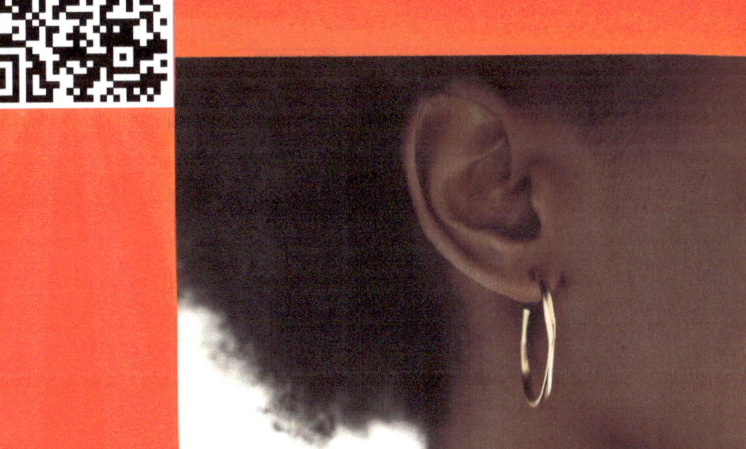

orecchino

kolczyk

cioccolato

czekolada

popcorn

popcorn

marmellata

dżem

pane tostato

tost

miele

miód

burro

masło

pane

chleb

gelato

lody

semola

kasza manna

riso

ryż

pasta

makaron

minestra

zupa

latte

mleko

acqua

woda

succo

sok

kiwi

kiwi

lampone

malina

pompelmo

grejpfrut

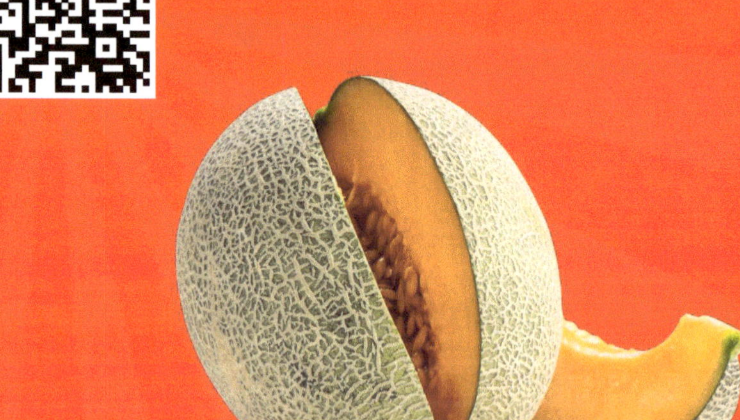

melone

melon

prugna

śliwka

albicocca

morela

melograno

granat

fico

figa

mirtillo

borówka

mirtillo rosso

żurawina

cachi

persymona

litchi

liczi

frutti

owoce

verdure

warzywa

avocado

awokado

fagiolino

fasolka szparagowa

broccolo

brokuł

melanzana

bakłażan

piselli

groszek

peperone

papryka

barbabietola

burak

lattuga

sałata

indivia

cykoria

carciofo

karczoch

porro

por

cipolla

cebula

aglio

czosnek

zenzero

imbir

noci

orzechy włoskie

mandorla

migdał

pistacchio

pistacja

anacardo

nerkowiec

www.ingramcontent.com/pod-product-compliance
Lightning Source LLC
Chambersburg PA
CBHW042103110726
48006CB00002B/505

9791041708994

THE BIRTH OF THE
CURLY CUTES
Nursery
DORIS BENNETT

THE BIRTH OF THE CURLY CUTES

Copyright © 2024 Doris Bennett

Paperback:　　979-8-89306-053-9
eBook:　　979-8-89306-054-6

Printed in the United States of America